LA LOI DE DIEU

ET

LES RÈGLEMENTS SOCIAUX,

CONSIDÉRATIONS SOMMAIRES SUR LES LOIS

PAR

le Comte DE BREDA

> Il y a des lois pour la société des fourmis
> et pour celle des abeilles ; comment a-t-on
> pu penser qu'il n'y en avait pas pour la
> société des hommes et qu'elle était livrée
> au hasard de leurs invention ?
>
> (De Bonald.)

PARIS

JOSEPH ALBANEL, LIBRAIRE

7, RUE HONORÉ CHEVALIER, 7

—

1873

SOMMAIR

A M. LE COMTE DE BREDA.

Monsieur,

J'ai lu, avec un vif intérêt, votre introduction aux *Considérations sur les lois*. Vous dites avec les grands penseurs, que la loi de Dieu est le seul fondement des sociétés prospères. L'observation du présent et l'histoire du passé démontrent cette vérité ; et cependant l'opinion publique la méconnaît depuis un siècle. Au moment où l'on demande à l'Assemblée d'inventer notre dix-huitième Constitution, il est à désirer que vous terminiez votre œuvre, en y comprenant toutes les preuves philosophiques et théologiques qui rentrent dans votre plan.

A l'expression de ce désir, je me permets de joindre un conseil : Publiez d'abord, en quelques pages, un précis de votre thèse ! Pour un membre de notre *Union* qui étudiera, un jour, votre savant ouvrage, il y en a vingt, qui, dès aujourd'hui, tireront grand profit du simple énoncé de la vérité que vous mettez en lumière. Vous multiplierez ainsi les auxiliaires qui nous aideront à conjurer une nouvelle épidémie d'inventions législatives.

Rappelez-nous par ce petit livre que Dieu, en créant les êtres, a établi les lois essentielles à leur existence ; qu'en accordant le libre-arbitre à l'homme, il lui a révélé les lois qui ne sauraient être impunément enfreintes ; et qu'en conséquence les actes publics qui sont parfois nécessaires pour assurer l'exécution de ces lois, ne sont, en fait, que de simples règlements.

Prenez donc pour titre : LA LOI DE DIEU *et les règlements sociaux*, et, pour épigraphe, la charmante pensée de Bonald jointe à ma lettre.

Dès que votre livre sera publié, revenez parmi nous pour le propager en enseignant, comme vous le faites si bien, les doctrines de *l'Union*. Si, à notre grand regret, vous ne pouvez quitter vos montagnes, nous ferons de notre mieux pour vous remplacer.

Tout à vous en *l'Union*.

F. LE PLAY.

Paris, 15 décembre 1872.

A MONSIEUR F. LE PLAY.

Monsieur,

On s'incline volontiers devant une expérience comme la vôtre. J'ai donc suivi votre conseil, et j'ai achevé mon résumé avant de parfaire mon œuvre.

Veuillez me permettre de vous offrir ce modeste essai et de le placer sous votre patronage.

Les conclusions auxquelles j'arrive sont, sur beaucoup de points identiques aux vôtres. Vous avez dit dans vos *Ouvriers Européens* (1) : « qu'en analysant les faits et en « remuant les chiffres, la science sociale ramène toujours « les vrais observateurs aux principes de la loi divine. » Ailleurs, en parlant de la stérilité constante et inévitable des innovations qui sont tentées dans le domaine des sciences morales, vous dites encore : « Les sciences mo- « rales n'ont, à vrai dire, qu'un seul objet, l'étude de

1. Les ouvriers Européens. — Appendice, p dernière.

<center>— 6 —</center>

« l'âme et de ses rapports avec Dieu et avec l'humanité.

« Chacun peut donc, à la rigueur, trouver en lui-même

« ses moyens d'instruction dans les sentiments qui se dé-

« veloppent aux diverses époques de la vie. On comprend

« qu'un sujet si simple ne comporte qu'un petit nombre

« de vérités essentielles, et dont la connaissance a pu être

« révélée, dès l'origine de la civilisation, à quelques es-

« prits supérieurs (1). »

Enfin, dans un de vos derniers ouvrages, vous affirmez plus nettement que jamais cette conclusion : « La meil-

« leure expression de la loi morale est le décalogue de

« Moïse complété par l'Évangile : car les populations qui

« en respectent le mieux les commandements sont préci-

« sément celles qui jouissent au plus haut degré, du

« bien-être, de la stabilité et de l'harmonie (2). »

Vos travaux vous ont donc amené à dire avec les théologiens et avec les anciens philosophes que la loi naturelle ou divine doit nécessairement servir de base à toute législation humaine. Vous êtes arrivé à ce résultat, comme vous le disiez tout à l'heure, « en analysant les faits et en

« remuant les chiffres, » en un mot par la méthode d'observation. Non-seulement cette voie est lente, mais il a fallu que vous unissiez à une science vaste et profonde un jugement d'une droiture rare et une bonne foi complète pour marcher ainsi vers la vérité, d'un pas ferme et assuré. Vous avez eu, en outre, un champ d'observation

1. Réforme sociale, 4ᵉ édit Introd., § 3.
2. Organisation du travail ch. I, § 4.

d'une étendue tout à fait exceptionnelle et les éléments de *l'analyse* sociale se sont offerts à vous plus nombreux peut-être qu'à aucun autre. Ce n'est pas en vain que de semblables matériaux sont mis à la disposition d'une grande intelligence et il y a là, une rencontre voulue par la Providence. Vos œuvres sont à mes yeux une des preuves les plus manifestes du bien que Dieu veut encore faire à la France.

Le *droit naturel* ou *divin*, base de tous les droits positifs et humains, tel est aussi le sujet de mes *Considérations sur les lois*. Mais mon procédé est autre que le vôtre. Je serais parfaitement incapable de me livrer à vos savantes et patientes recherches ; c'est donc dans l'étude de la théologie et de la philosophie que j'ai cherché le vrai *à priori*, si je puis ainsi parler. Ce que j'ai entrepris d'esquisser, c'est la merveilleuse synthèse des droits que donnent à l'homme et des devoirs que lui imposent son origine et sa fin. Mon travail, fût-il achevé dans la mesure de mes faibles forces, serait nécessairement encore fort incomplet et très-médiocre : qu'en sera-t-il du précis encore plus restreint que vous m'avez demandé ?

A vrai dire, je redoute un peu cet excès de condensation. En m'étendant davantage, je pouvais apporter à l'appui de ma thèse des autorités derrière lesquelles je me sentais plus fort. Un simple exposé me laisse plus désarmé et j'aurai trop l'air peut-être de donner comme mien ce qui n'est que le résumé d'un enseignement aussi vieux que le monde. Vous en avez pensé autrement, Monsieur ;

je me soumets à votre appréciation a cause de la confiance extrême que j'ai en vos lumières, mais je voudrais
que l'effort qu'il m'a fallu faire sur moi-même me fût
compté comme un titre à votre indulgence et à celle des
quelques personnes qui voudront bien me lire.

Veuillez agréer l'assurance de la haute considération
avec laquelle j'ai l'honneur d'être, Monsieur, votre très-
humble et très-obéissant serviteur,

Cte DE BREDA.

Dornbirn, Voralberg.

2 janvier 1873.

CONSIDÉRATIONS SOMMAIRES SUR LES LOIS

I. — L'ÉTAT MODERNE.

Jamais on n'a tant parlé de liberté ; jamais on n'en avait au même degré perdu jusqu'à la notion. On a détruit les tyrans, dit-on, c'est mal s'exprimer : il se peut (et encore n'est-ce pas certain), qu'il soit devenu plus difficile à un souverain de gouverner tyranniquement, mais la tyrannie n'est pas morte, bien au contraire.

Tout pouvoir sans bornes est, de sa nature, tyrannique, or c'est un pouvoir semblable que l'*État* moderne prétend exercer. L'*État* nous est représenté comme l'arbitre suprême du bien et du mal, et, si l'on en croyait ses défenseurs, il ne saurait commettre d'injustice, car ses lois sont en tout cas et toujours obligatoires.

On a chassé Dieu du gouvernement des sociétés humaines, mais on s'est fait un nouveau Dieu, despote, aveugle, sourd et sans voix, dont les bras savent atteindre ses esclaves aussi bien dans les temples que dans les places publiques, aussi bien dans les palais que dans les plus humbles chaumières.

Qu'y a-t-il de plus divin, en effet, que de ne pas commettre d'injustice ? Dieu seul, parlant à la conscience humaine ou par ses représentants, est l'arbitre infaillible du bien et du mal ; un pouvoir humain, quel qu'il soit, ne peut déclarer nécessairement juste tout ce qui émane de lui sans se prétendre Dieu et sans se poser en maître souverain des âmes comme des corps. Le dernier refuge des esclaves de l'antiquité, la conscience humaine, n'existerait plus pour les peuples modernes, s'il était vrai que toute loi oblige par cela seul qu'elle est promulguée.

Aussi l'État moderne, naguère encore si orgueilleux, commence-t-il à chanceler et à douter de lui-même. Il rencontre deux principaux écueils, divers dans leur forme comme dans leur origine.

D'une part on voit les catholiques, appuyés sur leur connaissance de la loi, de son origine et de son essence, résister passivement et se préparer à subir les persécutions sans jamais fléchir.

De l'autre on assiste de nos jours aux soulèvements les plus redoutables. Aussi aveugles que les représentants de l'État, mais excusables dans leur rébellion contre une autorité qui s'impose en vertu d'un caprice ou d'une théorie, il y a des multitudes qui répondent aux pouvoirs : « Nous vous valons ; vous n'avez d'autre « avantage sur nous que celui de la force brutale ; « nous essaierons de vous opposer une violence égale à « la vôtre, et le jour où nous l'emporterons, nous ferons « de nouvelles lois et de nouveaux codes où tout ce que « vous appelez juste sera qualifié de vol, ou tout ce « que vous nommez crime sera considéré comme ver- « tueux. »

S'il était vrai que *la loi* pût naître uniquement de la volonté humaine, ces forcenés auraient cent fois raison. Aussi l'État est-il impuissant contre eux. Il traine une vie toujours incertaine sous la menace des guerres sociales les plus terribles et ne jouit d'un repos passager qu'à condition de ne jamais poser les armes. Les armées modernes sont permanentes ; les polices modernes sont devenues de véritables armées et elles ne ferment l'œil ni jour, ni nuit. C'est à ce prix que nos États vivent, commercent, s'enrichissent et sont satisfaits d'eux-mêmes.

Ces anxiétés de chaque heure ne sont pas seulement une vengeance du Dieu vivant méconnu et outragé, elle sont encore une conséquence inévitable de l'excès d'orgueil et de folie qui a persuadé à des assemblées humaine qu'il leur appartenait de décider souverainement du bien et du mal.

En effet ; *si Dieu n'est pas l'auteur de la loi, il n'y a pas de loi véritablement obligatoire.* On peut, par amour pour Dieu, obéir aux pouvoirs de fait, même illégitimes, et encore cette soumission a-t-elle ses limites: elle doit cesser le jour où la loi humaine prescrit des actes contraires à la loi de Dieu. Quant aux peuples qui ne croient plus à rien, ou chercherait en vain un motif suffisant pour les engager à se soumettre à rien de ce qui leur déplaît.

II. — LA LIBERTÉ MODERNE.

Notre génération se dit plus affranchie, plus libre que celles qui l'ont précédée. Ce n'est pourtant pas à elle que revient la gloire d'avoir la première secoué le joug : nos *modernes* eux-mêmes reconnaissent qu'ils ont eu des prédécesseurs, et ils sont d'accord avec nous pour reconnaître que *l'esprit nouveau* a fait son apparition dans le monde vers le XVIᵉ siècle. (1)

1. « L'esprit nouveau a fait son apparition dans le monde « vers le XVIᵉ siècle, son but final est de substituer au moyen « âge une société nouvelle. De là la nécessité que la première

En réalité, le seul joug qui ait été secoué depuis lors est celui de Dieu, qui semblait trop pesant. La pensée s'est tout d'abord déclarée affranchie des entraves que lui imposait l'autorité ecclésiastique, mais au début elle était loin de vouloir repousser la notion d'un droit divin supérieur à tous les droits humains.

En dépit des falsifications de l'histoire qui ont encore cours aujourd'hui, ce sont surtout des princes qui ont propagé le protestantisme et le plus souvent ils n'y sont parvenus que par la violence. Quand ils réussissaient ils ajoutaient un titre religieux à celui de leur souveraineté temporelle ; ils se faisaient évêques ou papes et n'en étaient que plus maîtres de leurs sujets. Il n'y avait désormais plus de recours contre les abus de pouvoir des maîtres de ce monde ; mais ces despotes avaient intérêt à se dire les représentants de Dieu. C'est à ce titre qu'ils *sécularisaient* les diocèses, les couvents, les biens d'église et jusqu'aux ministres de leur nouveau culte ; cette expression était alors usitée pour exprimer sous une forme polie une idée de spoliation et de tyrannie hypocrite et sans frein.

Les modernes ont été au-delà : ils ont entrepris de *séculariser* la loi. Cette fois encore le mot cache une pensée qui choquerait si elle était exprimée plus ouvertement : la loi s'est fait *athée*, et toutes les réclamations qu'a soulevées la rudesse de ce propos n'ont pas empêché qu'il n'exprimât une vérité. La logique inexorable des faits devait mener de la réforme à la révolution. Les princes avaient semé les germes de la révolte qui devait un jour les dépouiller et de leur pouvoir et de leurs trônes ; quant aux peuples, ils n'y ont rien gagné.

« révolution moderne fut une révolution religieuse..... C'est
« l'Allemagne, c'est Luther qui l'ont produit. . »
(Cousin, *Cours d'hist. de la philos.*, p. 7. Paris, 1841.)

Ils sont toujours tyrannisés, seulement leurs maîtres actuels sont anonymes et les luttes à main armée sont leur unique ressource contre les empiétements ou les excès du pouvoir.

Il n'est donc pas vrai que la liberté ait plus de place au soleil dans le monde moderne que dans le vieux monde chrétien. Je n'en veux pour preuve qu'un seul fait qui a directement trait à mon sujet.

Alors que l'Europe était encore enveloppée dans *les ténèbres du moyen age*, les théologiens catholiques enseignaient librement dans toutes leurs chaires : « qu'une loi injuste n'existe pas. *Lex injusta non est lex.* » Or, y a-t-il aujourd'hui beaucoup de tribunes où l'on pût proclamer impunément ce principe, sauvegarde de toutes les libertés et de toutes les indépendances, protecteur de tous les droits et de toutes les faiblesses ? Ne voit-on pas d'ici les interdictions, les procès-verbaux, les *appels comme d'abus* qu'évoquerait l'audace d'une pareille maxime ?

Les pouvoirs humains ont changé de forme, mais leur tyrannie n'a cessé de croître, et les hommes libres de l'ancienne société sont devenus les esclaves d'un nouvel ordre de choses ; il le sont à ce point qu'ils ne savent plus même en quoi consiste la liberté.

III. — ORIGINE DIVINE DE LA LOI.

Je sais et j'entends d'avance la réponse que me feront ici les docteurs du droit moderne. — « Oui, disent-ils,
« il est bien vrai que l'Église catholique a toujours pré-
« tendu juger les lois et refuser son obéissance à celles
« qui lui déplaisaient ; mais c'est précisément là le pire
« des abus ; c'est la tyrannie par excellence, celle qui

« voudrait s'imposer à la raison humaine, cette reine
« du monde; c'est là enfin le caractère spécial du ca-
« tholicisme, et c'est ce qui a toujours fait de cette reli-
« gion la religion des ignorants et des lâches. »

La maxime que je viens de rappeler a-t elle donc été
inventée par les théologiens catholiques? Est-il vrai
que les maîtres de la doctrine ultramontaine aient
seuls prétendu que la valeur de la loi devait se chercher au dehors et au dessus d'elles, en dehors et au
dessus du pouvoir humain qui la proclame?

Non seulement les théologiens n'ont pas imaginé ce
principe élémentaire, mais les philosophes païens eux-
mêmes s'étaient élevés jusqu'à cette hauteur. Cicéron
ne faisait que résumer la doctrine universellement reçue
par les philosophes dignes de ce nom quand il disait que
la science du droit ne doit se chercher ni dans les édits
du préteur, ni même dans la loi des douze tables, et que
la philosophie la plus profonde peut seule nous
aider à juger les lois et nous apprendre ce qu'elles
valent. (1).

Ce n'est pas là rabaisser la raison, que ce même Cicéron a définie ou plutôt décrite dans des termes admi-
rables : il trouvait en elle quelque chose de grand, de
magnifique; il la disait plus prête à commander qu'à
obéir, tenant peu de compte de ce qui n'est qu'humain,
doué d'un je ne sais quoi d'élevé, que rien n'épou-
vante, qui ne cède à personne et qui demeure in-
vaincu. (2).

---

1. « Non a prætoris edicto, ut plerique nunc, neque a duo
« decim Tabulis, ut superiores, sed penitus ex intima philo
« sophia haurienda est juris disciplina. »

(Cic. De legib., lib. I.)

2. Cic. de fin. bon. et malor., l. II.

Mais, qu'on y prenne garde, c'est uniquement au regard des pouvoirs ou des attraits humains que la raison se montre si noble et si fière. Il faut quelque chose de plus qu'un homme pour la soumettre et elle n'obéit qu'à un Dieu ou à ses mandataires. — « Étranger, demande « Platon au crétois Clinias, quel est celui qui passe « chez vous comme le premier auteur de vos lois? Est-« ce un Dieu? Est-ce un homme? — Étranger, répond « Clinias, c'est un Dieu; nous ne pouvons avec justice « accorder ce titre à d'autre qu'à un Dieu. » (1).

Aussi la tradition disait-elle que Minos allait tous les neuf jours s'entretenir avec Jupiter, son père, *dont il disait les réponses*. Lycurgue avait voulu faire confirmer ses lois par Apollon Delphien et ce Dieu répondit *qu'il les dicterait lui-même*. A Rome, c'est la nymphe Égérie qui joua le même rôle auprès de Numa. Partout on trouve ce besoin de chercher au-dessus des hommes le titre en vertu duquel ils commandent à leurs semblables.

Si nous laissons maintenant de côté ce que les traditions antiques avaient de fabuleux, nous rencontrons une vérité absolue proclamée par les sages : celle qui affirme l'existence d'une loi éternelle *quiddam æternum* à laquelle on donne le nom de *loi naturelle* et qui sert de *criterium* pour juger la valeur des lois promulguées par les hommes. Cicéron déclare *absurde* de croire juste tout ce qui est écrit dans les constitutions ou dans les lois (2). Et il prend soin d'ajouter que ce n'est pas non plus l'opinion publique qui détermine le droit (3).

La loi souveraine, celle qu'aucune loi humaine n'a

1. Platon. *Des lois*, liv. I.
2. Illud stultissimum (est), existimare omnia justa esse, quæ scripta sint in populorum institutis et legibus. (*De legib.*)
3. Neque opinione sed natura constitutum esse jus. (*Ibid.*)

le droit de violer, sous peine de nullité, a donc Dieu même pour auteur. Les lois des États peuvent être injustes, détestables et par conséquent n'obliger personne. Il y a au contraire une loi de nature, source et mesure des autres, qui est née avant tous les siècles, avant qu'aucune loi n'ait été écrite, avant qu'aucune cité ne fût établie (1).

Cet enseignement, à l'appui duquel je n'ai, à dessein, cité que des auteurs païens, est aussi celui des théologiens catholiques, de saint Thomas, par exemple, et de Suarez. Mais l'école philosophique du siècle dernier a tellement perverti le sens du mot *nature; loi de nature*, que certains auteurs catholiques (M. de Bonald, par exemple), ont éprouvé de la répugnance à se servir de ce terme consacré. Il faut donc en expliquer le véritable sens.

IV. — LA LOI NATURELLE D'APRÈS LES PHILOSOPHES PAYENS.

La nature d'un être est ce qui constitue son aptitude à atteindre sa fin. — L'idée qu'on se fait de la nature de l'homme détermine par conséquent celle qu'on aura de sa fin, et, partant, celle de la règle qui doit gouverner ses actions. Les matérialistes, par exemple, qui méconnaissent le côté immortel de la nature humaine et dont l'horizon se borne aux limites de la vie présente, ne sauraient enseigner qu'une morale *épicurienne* ou *utilitaire*. Ils ne peuvent sans inconséquence invoquer un mobile supérieur à celui du bien-être, sinon immédiat, au moins très-prochain, car quoi de plus incertain que la durée de notre vie ?

1. Sæculis omnibus ante nata est, (ante) quam scripta lex ulla, aut quam omnino civitas constituta. (*De legib.*)

Dans le langage éminemment anti-philosophique du dix-huitième siècle, *l'état de nature* était un état hypothétique, à la fois innocent et barbare, antérieur à la société. C'est à la société que cette théorie attribuait les désordres de l'homme et la perte de certains droits primitifs, inaliénables, que la secte des pseudo-philosophes se vantait d'avoir retrouvés et à la conquête desquels s'est précipitée la France corrompue et affolée de 1789.

Les philosophes de l'antiquité, au contraire, malgré leurs nombreuses erreurs et en dépit du polythéisme qu'ils professaient extérieurement, étaient parvenus à une connaissance si profonde de l'homme et de sa nature que les Pères et les docteurs de l'église ont souvent parlé des aperçus de leur génie comme d'une sorte de *révélation naturelle* qui leur aurait été faite par Dieu (1).

Nous avons déjà vu Cicéron dire que la loi naturelle est éternelle et supérieure à toutes les lois humaines ; c'est lui que je continuerai à citer à cause de sa limpidité, et parce qu'il résume admirablement la doctrine des philosophes qui l'avaient précédé (2).

La profonde philosophie qui doit nous enseigner, selon lui, la science du droit, nous apprend qu'il est bien plus grand d'obéir à l'âme divine et au Dieu tout-puissant, qu'aux Empereurs et aux puissants de la terre, car il y a comme une société entre l'homme et Dieu : *la raison droite (recta ratio)* est la même pour l'un et pour l'autre, et la loi n'étant autre chose que la *raison droite*, on peut dire qu'une même loi nous associe aux

1. Quidam eorum quædam magna, *quantum divinitus adjuti sunt*, invenerunt .. (S. Aug, *Civit. Dei*, l. II, c. 7.)

Has scientias dederunt philosophi et illustrati sunt : Deus enim illis *revelavit*. (S. Bonavent, *Lum. Eccl.*, serm. 5.)

2 Les deux alinéas suivants sont extraits librement du traité *de legibus, passim*.

Dieux. Or, qui dit loi commune dit aussi droit commun, et, quand on a un droit commun, on appartient en quelque sorte à la même cité : il faut donc considérer ce monde comme une cité commune aux Dieux et aux hommes : *l'homme est en effet semblable à Dieu.* Et dans quel but Dieu a-t-il créé et orné cet homme semblable à lui ? Pour qu'il parvienne à la justice.

La société humaine est liée par un droit unique et la loi est la même pour tous. Cette loi est le juste motif (la raison droite *recta ratio*) de toutes les prescriptions et de toutes les interdictions : celui qui l'ignore, qu'elle soit écrite ou non, ne connaît pas la justice. Si la justice consistait dans la soumission aux lois écrites et aux constitutions des peuples et si, comme quelques-uns le prétendent, l'utilité devait être la mesure du bien, celui qui croirait en tirer un profit aurait raison de négliger les lois ou de les violer.

Cette remarque s'applique tout particulièrement au temps présent. C'est précisément l'utilité et l'accroissement des richesses ou du bien-être, en un mot ce sont les intérêts matériels qu'ont surtout en vue la plupart des législations modernes; il en résulte que nos sociétés ont à peine le droit de s'indigner contre ceux qui croient avantageux de les troubler. La religion, dit-on, n'a rien de commun avec la politique ; l'État, en tant qu'État, n'a pas à s'inquiéter de Dieu ; les choses de ce monde doivent être réglées en vue de ce monde et sans aucun souci du surnaturel. Soit ! Mais alors en vertu de quelle autorité imposerez-vous vos lois ? Il n'y a pas de pouvoir humain capable de briser ou de vaincre une volonté humaine qui ne le reconnaît pas (1).

Le fondement du droit, continue Cicéron, est une

____

1. L'alinéa suivant est également extrait de Cicéron.

propension à aimer nos semblables, que la nature a mise en nous ; c'est elle aussi qui nous prescrit d'honorer Dieu. Ce n'est pas la crainte qui rend le culte nécessaire, c'est le lien qui existe entre Dieu et l'homme. Si les décrets populaires ou royaux fixaient le droit, un caprice de la multitude pourrait rendre légitimes le vol, l'adultère ou les faux. S'il est vrai qu'une sentence dictée par des sots puisse changer l'ordre de la nature, pourquoi le mal ne deviendrait-il pas un jour le bien ? Mais les sages enseignent que l'esprit humain n'a pas inventé la loi ; elle est née dans l'âme de Dieu et lui est coéternelle ; elle n'est autre chose que la raison droite de Jupiter lui-même. Elle se reflète dans l'esprit du sage ; elle ne peut jamais être abrogée.

Cette *raison droite qui nous vient des Dieux, recta et a numine Deorum tracta ratio*, c'est ce qu'on est convenu de nommer le *droit naturel* et la belle expression de Cicéron rappelle ce magnifique verset du psaume IV : *Quis ostendit nobis bona ? Signatum est super nos lumen vultus tui, Domine.*

V. — INFLUENCE DU PANTHÉISME SUR LA LOI MODERNE.

La doctrine païenne, si élevée qu'elle soit, est toujours incomplète et cela ressort des paroles même de Cicéron. Puisque la loi vient de Dieu, il est bien évident que la loi sera plus ou moins bien connue selon que nous aurons une idée plus ou moins exacte de Dieu. C'est là ce qui donne tout d'abord une supériorité si grande à la loi de Moïse, jusqu'à la venue de Jésus-Christ, et à toutes les législations chrétiennes depuis. Les Juifs n'avaient pas seulement une connaissance vague des préceptes de la loi divine : cette loi leur avait été directement révélée dans ses principales dispositions. Les chrétiens ont mieux encore, puisque le Verbe éternel s'est fait homme et que le Verbe est précisément « la lumière vraie qui « illumine tout homme venant en ce monde (1). » Les philosophes de l'antiquité avaient entrevu de loin cette lumière ; nous venons de voir qu'ils en affirmaient l'existence ; les Juifs ne la contemplaient encore qu'à travers des voiles et attendaient sa venue. Elle s'est faite chair ; elle nous a apporté la vie, « elle-luit dans les ténèbres, mais les ténèbres ne l'ont pas comprise (2). » — Ce n'est la faute ni du Verbe, ni de sa manifestation, dit à ce propos saint Thomas, s'il y a des esprits qui ne voient pas cette lumière. Il n'y a plus de ténèbres, mais il y a des yeux fermés (3).

C'est Dieu lui-même qu'on méconnaît, par conséquent, quand on repousse la loi fondamentale, la seule qui mérite le nom de loi. L'orgueil et la révolte humaine vont au delà d'un oubli ou d'une simple négation quand ils ont l'audace de prétendre mettre une loi humaine *à la place* et *au-dessus* de la loi divine ; ce dernier attentat n'est rien moins que la déification de l'homme. Cette conséquence philosophique de la *sécularisation* de la loi était inévitable et elle s'est produite très-ouvertement dans les doctrines modernes. Les athées proprement dits sont rares, mais la génération actuelle est empestée de panthéisme. Or le panthéisme proclame sans ambages et sans honte la divinité de l'homme.

Ajoutons que cette erreur est la seule base sur laquelle on puisse logiquement s'appuyer pour défendre le droit

---

1. Erat lux vera quæ illuminat omnem hominem venientem in hunc mundum. (S. Joan., I, 9.)

2. Et vita erat lux hominum... in tenebris lucet et tenebræ eam non comprehenderunt. (Id.)

3. Cont. gent. IV, 13.

moderne. Elle produit, relativement aux constitutions et aux lois, deux principaux effets qu'il suffit d'indiquer rapidement pour que tout esprit sincère reconnaisse à la fois leur existence et leurs lamentables suites.

Le panthéisme détruit d'abord les individualités, ou, pour parler comme les Allemands, les *subjectivités*; il les efface et les fait disparaître dans le *grand Tout*. — Ne voyons-nous pas de même les personnalités simples ou composées, c'est-à-dire la liberté individuelle, les associations et les corporations, réduites peu à peu au néant par la conception moderne de l'État ? La théorie moderne ne fait-elle pas, elle aussi, de l'État un autre *grand tout* à côté duquel rien de *privé* ne peut subsister ?

Pour arriver à ce résultat, on représente l'État comme exprimant la somme de toutes les volontés particulières, et l'on cherche dans une prétendue *volonté générale* la source suprême et infaillible de la loi. — Mais, cette volonté fût-elle aussi générale que le veut la théorie, elle n'en resterait pas moins humaine et par conséquent sujette à l'erreur : d'où vient donc qu'on en fait l'arbitre souverain du bien et du mal, du vrai et du faux, du juste et de l'injuste ? — Les panthéistes répondent que « Dieu se fait dans l'homme et dans le monde ; qu'il est « une seule et même chose avec le monde ; qu'il est « identique à la nature des choses, et, par conséquent, « assujetti aux changements. » — La volonté générale, expression de la *conscience universelle*, est donc une manifestation de la volonté divine, ce qui lui permet de se modifier sans jamais errer.

Cela répond à tout, en effet, mais cela peut nous mener loin. Si, comme le dit Hegel, Dieu est *subjectif*, c'est-à-dire s'il est dans l'homme ou, plus exactement encore, s'il est *l'homme lui-même et la substance de la*

Pagination incorrecte — date incorrecte

NF Z 43-120-12

nature, ni le droit, ni la loi, ni la justice ne sauraient demeurer *objectis*. En d'autres termes, si l'homme est Dieu, il n'y a plus de distinction possible entre le bien et le mal. Et cette conclusion a été tirée par le savant socialiste allemand Lassalle. Il nie la notion d'un droit immuable ; il ne veut plus qu'on parle de la *famille*, de la *propriété*, de la *justice*, etc. en termes absolus. Ce ne sont là, selon lui que « des généralités abstraites « et sans réalité. » Il y a eu sur toutes ces matières des *notions grecques, romaines, germaines* etc. mais ce ne ne sont là que des souvenirs historiques. Les notions changent, il y en a qui disparaissent et si la *conscience universelle* décide un jour que la notion *propriété* a fait son temps, ce jour là commencera très légitimement une nouvelle période historique pendant laquelle, sous peine d'injustice, il ne saurait plus y avoir de propriétaires ni de propriétés. (1) Au point de vue du panthéisme, ce raisonnement est irréfutable et, d'autre part, nous avons vu tout à l'heure que le panthéisme seul pourrait justifier la théorie moderne d'une volonté générale arbitre suprême de la loi.

VI. — LA *VOLONTÉ GÉNÉRALE* GOUVERNE-T-ELLE DEPUIS 1789 ?

Je viens de citer un socialiste dont les œuvres peu connues en France, ont une importance capitale. Ferdinand Lassalle, juif de naissance, prussien par la nationalité, possédait une science très étendue, un génie critique de premier ordre et une dialectique impitoyable. Nous venons de le voir déduire les conséquences

1. Voy. Lassalle. Das system der erworbenen Rechte. I, 2, not. à la pag. 70.

« servé sa bienveillance, quoiqu'on l'ait déjà changé
« plusieurs fois. »

Le plébiscite, l'appel au peuple, l'invitation à voter
sur la forme de gouvernement adressée à ce genre d'é-
lecteurs, tout cela n'est-il pas un vrai *tour de passe-passe?*
M. Taine le croit, et bien d'autres avec lui, mais il suppose que ce même électeur sera au moins capable « de
« choisir l'homme spécial dans lequel il a le plus de
« confiance. » Il en est, dit-il du choix de celui qui
fera les lois comme du choix du médecin ou de l'avoué
qu'on préfère. Quoique mon intention ne soit pas de
discuter ici les opinions de l'auteur, je le prierai de remarquer que sa comparaison est éminemment fautive :
on ne peut pas prendre qui on veut pour médecin, ni
pour avoué. Les premiers sont astreints à faire des études
et à se munir d'un diplôme; les autres doivent avoir
rempli les conditions nécessaires pour posséder une
étude. — Pour *faire les lois,* c'est autre chose, on
n'exige pas la moindre préparation de la part de ceux
qui sont éligibles. Apparemment on trouve que cela n'en
vaut pas la peine.

Le scrutin de liste et le plébiscite étant mis de côté,
M. Taine retourne aux chiffres pour étudier ce qui se
passe quand les électeurs sont appelés à choisir un député par arrondissement. — Cela fait, dit-il, un député
pour 20,000 électeurs, répandus sur une surface de
1,000 kilomètres carrés, etc. Sur les 20,000 électeurs
combien auront une opinion fondée sur le candidat qui
se présente à eux ? A peine 1 sur 10 au delà de la ban-
lieue de la ville; à peine 1 sur 4 ou 5 dans tout l'arrondissement. Reste la ressource des conseils, mais :
« l'esprit égalitaire est tout-puissant et la hiérarchie
manque. » Nous touchons ici à la plaie la plus doulou-
reuse de notre état social; et encore ces termes sont-ils

mauvais, car nous n'avons plus d'ordre, par conséquent plus d'état social. « Règle générale, poursuit M. Taine, « le villageois ne reçoit de conseil que de ses égaux. » Aussi les *mauvais moyens* sont-ils faciles à employer.

Ces mauvais moyens se résument, toujours selon notre auteur, dans l'abus des influences gouvernementales et dans une corruption dont les formes varient mais qui font des manœuvres électorales une affaire d'argent.

Il y aurait, et je l'ai indiqué en passant, beaucoup de réserves à faire sur ce que M. Taine dit des populations rurales. Il les croit manifestement moins aptes à bien voter que les populations citadines et je suis d'un avis absolument contraire, mais ce qui reste vrai c'est que le suffrage universel direct, tel que nous l'avons, ne permet à personne de choisir en connaissance de cause et qu'en réalité la *volonté générale* n'a pas encore pu trouver son expression vraie jusqu'à l'heure où nous sommes.

C'est tout ce qu'il me faut pour le moment.

VIII. — LA *VOLONTÉ GÉNÉRALE* EST-ELLE COMPÉTENTE POUR FAIRE LES LOIS ?

Il est une autre question plus haute et qu'il nous faut maintenant aborder : l'opinion générale, en admettant même qu'elle parvînt à se manifester, est-elle une autorité compétente pour faire des lois ?

Mais, avant tout, posons un premier principe qui, tout élémentaire qu'il est, semble aussi oublié que les autres : si la loi naturelle n'existe pas antérieurement pour enjoindre le respect des lois humaines, les pouvoirs humains ne sauraient avoir d'autre raison d'être, ni d'autre soutien, que la force. Sans un Dieu législa-

posé le principe d'une condition de fortune requise pour exercer un droit politique. « La richesse bour-
« geoise était devenue la condition du pouvoir dans
« l'État comme la noblesse ou la richesse foncière au
« moyen-âge. »

Le principe du cens est demeuré jusqu'à l'introduction très-récente du suffrage universel.

Notre socialiste passant ensuite à l'examen des impôts, constate que la *bourgeoisie moderne*, sans inventer les contributions indirectes, en a fait l'objet de tout un système, et a fait reposer sur elles l'ensemble des charges de l'État. Or les impôts indirects sont ceux qui se prélèvent sur les besoins : « ainsi le sel, les céréales, la
« bière, la viande, le combustible ; ou bien encore sur le
« besoin qu'on a d'être protégé : les frais de justice, les
« papiers timbrés, etc. En général chacun paie ces im-
« pôts en achetant les objets dont il a besoin, et sans
« s'apercevoir que c'est un impôt qui augmente le prix
« de son achat. Or il est clair qu'un individu, parce
« qu'il est vingt, cinquante ou cent fois plus riche, ne
« consomme pas pour cela vingt, cinquante, cent fois
« plus de sel, de pain, de viande, etc. qu'un ouvrier ou
« un petit bourgeois. Aussi arrive-t-il que la grande
« masse des impôts indirects est payée par les classes
« les plus pauvres (par cela seul qu'elles sont les plus
« nombreuses). » Le tiers-état en est donc arrivé, d'une manière déguisée, à payer moins d'impôts relativement que le *quatrième-État*.

A propos de l'*instruction* des adultes, Lassalle dit qu'au lieu d'être abandonnée au clergé, comme jadis, elle appartient *en fait* à la presse quotidienne. Mais les cautionnements, le timbre et le trafic des annonces font du journalisme un autre privilége du capital... (1).

1. Arbeiter Programm., v. Ferd. Lassale.

Cette esquisse suffit et je crois inutile d'ajouter que je suis loin de conclure comme les socialistes. Je suis d'autant plus libre de me séparer d'eux que je n'admets à aucun titre les *immortels principes*, mais ce qui me paraît ressortir clairement des observations précédentes, c'est qu'en *fait* il n'est pas vrai que la *volonté générale ait formé les lois* depuis 1789.

VII. — LE SUFFRAGE UNIVERSEL EXPRIME-T-IL LA *VOLONTÉ GÉNÉRALE* ?

L'introduction du *suffrage universel* a-t-elle modifié cet état de choses d'une manière notable ? Est-il plus vrai depuis 1818 qu'avant, que la nation soit gouvernée par la *volonté générale* ? — On pourrait se borner ici à faire appel au témoignage des hommes de bonne foi. Si la *volonté générale* était véritablement maîtresse de tous les pouvoirs en France, notre pays qui n'a littéralement aujourd'hui que le gouvernement qu'il veut, serait un modèle d'union et de concorde; il ne pourrait y avoir dans l'opposition qu'une minorité très-infime, sans quoi l'adjectif *générale* ne serait pas justifié, et nous suivrions pacifiquement les voies qui nous plairaient le plus.

Cela ne voudrait pas encore dire, qu'on y fasse bien attention, que ces voies fussent bonnes. C'est là une autre question sur laquelle nous aurons à revenir, mais il s'agit ici du fait : nos lois sont-elles oui ou non *formées* aujourd'hui par la *volonté générale,* selon la formule que j'ai empruntée à la *Déclaration des droits de l'homme* ?

Malgré l'évidence de la réponse négative, je crois utile d'analyser ici rapidement celle que vient de faire M. Taine dans une petite brochure qui renferme beaucoup de vérités (1). M. Taine étant un trop libre penseur et un homme très-moderne, on ne saurait le suspecter de parti pris ultramontain ou clérical.

M. Taine est loin de demander l'abolition du *suffrage universel* ; il le croit conforme à l'équité, car il n'admet pas qu'on puisse lui demander son argent ou l'envoyer à la frontière sans son consentement exprès ou tacite. Son unique vœu est que le droit de suffrage ne soit pas illusoire et que la loi électorale soit adaptée « au Français de 1791, au paysan, à l'homme en blouse, « en vareuse, etc. » fut-il « lourd, ignorant, mal in- « formé. » — Sur ce, M. Taine constate tout d'abord que le scrutin de liste est une jonglerie et je crois que personne de sensé ne le conteste. Il entre ensuite dans un examen statistique de la manière dont se décompose le monde électoral en France, et il trouve le résultat suivant : « sur 20 votants, il y a 10 paysans, 4 ouvriers, « 3 demi-bourgeois, 3 hommes cultivés, aisés ou riches. « Or la loi électorale, comme toute loi, doit avoir égard « à la majorité, aux 14 *premiers*. » Il nous importe donc de savoir ce que sont ces quatorze qui sont appelés à faire *la loi*, c'est à dire à décider, par leurs représentants il est vrai, mais souverainement, du bien et du mal, du juste et de l'injuste et, forcément, du sort du pays.

M. Taine fait, à ce propos, de nouveaux calculs qui se résument ainsi : la population rurale comprend 70 pour 100 de la population totale, soit : 14 électeurs sur 20. Or en France il y a 39 illétrés sur 100 personnes du sexe masculin, presque tous appartenant aux classes que M. Taine fait rentrer dans la population rurale, ce qui

1. *Du suffrage universel et de la manière de voter*, par H. Taine. Paris, Hachette, 1872

l'amène à trouver que 7 sur 14 électeurs ruraux, ne savent pas même lire. Je me permets d'observer en passant que tel paysan qui ne sait pas lire, mais qui sait son catéchisme, peut être bien plus fort en morale que M. Taine lui-même, mais j'avoue volontiers que les sept électeurs en question pourront et devront avoir une médiocre intelligence politique.

L'agréable écrivain raconte d'une manière piquante un certain nombre d'anecdotes qui prouvent « l'ignorance et la crédulité » des populations rurales en pareille matière et il en conclut que les paysans *sont encore des sujets, mais sous un maître anonyme.* C'est précisément ce que je disais au commencement, non-seulement des paysans, mais de tous les peuples modernes en général. Qu'il y ait oui ou non un roi sur le trône, *on* ordonne ceci, *on* ordonne cela, et le *sujet* dépend en cent façons de cet *on* abstrait, indéterminé : « Par le percepteur, par le maire, par le sous-inspecteur « des forêts, par le commissaire de police, par le garde- « champêtre, par les commis des droits réunis, pour « percer une porte, abattre un arbre, bâtir un hangar, « ouvrir une échoppe, transporter une pièce de vin, etc., « etc. »

Tout cela exprime bien et dépeint à merveille les allures de la liberté moderne, et je ne puis résister au désir de citer un dernier trait, non moins amusant que vrai : « Le maire sait qu'à la ville, dans un bel appar- « tement, est un monsieur digne, en habit brodé, qui le « reçoit deux ou trois fois par an, lui parle avec auto- « rité et condescendance, et souvent lui fait des ques- « tions embarrassantes. Mais, quand ce monsieur s'en « va, il y en a un autre à sa place, tout pareil, avec le « même habit, et le maire, de retour au logis, dit avec « satisfaction : *monsieur le Préfet m'a toujours con-*

théoriques du panthéisme appliqué à la loi, il ne sera pas sans intérêt de savoir comment il jugeait la mise en pratique du droit moderne par la révolution française. Les socialistes ont une autorité particulière pour parler des *immortels principes*, car ils les admettent sans hésiter et leur doctrine prouve qu'ils les comprennent à merveille.

La *déclaration des droits de l'homme* est le résumé le plus authentique de ces fameux principes et c'est là que se trouve le plus nettement formulée la théorie moderne de la loi. « La loi, dit l'art. 6, est l'expression de « la volonté générale. Tous les citoyens ont droit de « concourir personnellement, ou par leur représentants « à sa formation. » Il semble résulter de cette solennelle proclamation que depuis lors, ou au moins dans la première ferveur de cette *glorieuse* révolution, la majorité du *peuple souverain* a du être appelée à *former les lois.* On l'a dit, on l'a même soutenu à coups de canon, car, comme le dit spirituellement M. de Maistre, « les maîtres de ce pauvre peuple sont allés jusqu'à le « foudroyer en se moquant de lui. Il lui ont dit : Vous « croyez ne pas vouloir cette loi, mais soyez sûrs que « vous la voulez. Si vous osez la refuser, nous tirerons « sur vous à mitraille pour vous punir de ne vouloir « pas ce que vous voulez. — Et ils l'ont fait. » (1)

Que s'est-il donc passé, et comment se fait-il que la *volonté générale* qui avait entrepris de faire des lois *fondamentales et irrévocables* ait accepté dans les cinq premières années de son affranchissement t trois constitutions différentes et un régime tel que celui de la terreur ?

Lasalle répond que ce n'est pas du tout le peuple qui a fait la révolution et que la *volonté générale* n'a pas

____

1. Considérat. sur la France.

même été appelée à se manifester. Il rappelle la fameuse brochure de Siéyès et il en corrige le titre : Il n'est pas vrai, dit-il, que *Tiers-État* ne fut alors *rien* : le développement de la fortune mobilière avait dès lors acompli une révolution économique grâce à laquelle le tiers était *tout, en fait.* Mais *légalement* il n'était *rien,* ou il n'était pas assez à son gré, car les classes anciennes subsistaient *en droit,* bien que leur force réelle ne fût plus en rapport avec leur état légal. L'œuvre de la révolution française a donc été de donner au Tiers-État une position *légale* en rapport avec son importance de fait.

Or le Tiers s'est pris tout d'abord lui-même pour l'équivalent du peuple entier: « il crut que sa cause était « la cause de l'humanité. » Aussi l'entraînement fût-il sincère et puissant. Les voix qui s'élevaient pour protester ne parvenaient pas à se faire entendre. Notre auteur cite, en ce genre, un curieux exemple de perspicacité. Une feuille anti-révolutionnaire, *l'ami du roi,* s'écriait : « Qui peut nous dire si le despotisme de la « bourgeoisie ne succédera pas à la prétendue aristocra- « tie des nobles ? »

C'est bien là en effet ce qui s'est produit, continue Lassalle ; le Tiers-État s'est fait à son tour *classe privilégiée.* La preuve qu'il en donne, c'est que la richesse bourgeoise est immédiatement devenue la condition légale du pouvoir dans l'État. Dès 1791, dans la constitution du 3 septembre, on trouve, (chap. I. sect. 1 et 2) une distinction établie entre les *citoyens actifs* et les *citoyens passifs.* Les premiers sont ceux qui paient une certaine quote de *contribution directe* et ils ont seuls des droits électoraux. En outre tout *serviteur à gages* était déclaré *non actif,* ce qui excluait les ouvriers du droit électoral. Il importe peu que le *cens* fût faible: on avait leur, en effet, il n'y a pas d'*obligation morale* (1). L'hypothèse d'un accord préalable entre les membres de la société ne résoudrait pas la difficulté, car un accord ne saurait obliger personne à moins qu'il n'y ait une autorité supérieure qui le garantisse (2).

Quelle que soit l'origine immédiate de la loi, qu'elle soit édictée par un souverain, votée par une assemblée ou directement voulue par la multitude, elle ne saurait donc s'imposer si l'on ne suppose une loi antérieure et, comme dit Cicéron, éternelle, qui prescrive l'obéissance aux sujets ou aux administrés dans le premier cas et qui, dans le second, prescrive le respect des engagements réciproques, des promesses ou des serments. Cette loi supérieure étant la *loi naturelle*, il est en tout cas et toujours impossible de la supprimer ou de lui échapper.

Et maintenant qu'entend-on par volonté générale Est-ce l'unanimité des volontés ? personne, que je sache, n'a jamais exigé cette condition. Il s'agit donc, en mettant les choses au mieux, de la volonté d'une *majorité* ; on en convient et on donne souvent à nos gouvernements modernes le nom de *gouvernements des majorités*. On part donc de ce principe que sur une population de trente millions d'hommes, par exemple, il est légitime que la volonté de vingt millions l'emporte sur celle des dix millions restant. — Si la constitution d'un royaume, observe Burke, est un problème d'arithmétique, le calcul est juste, mais si la minorité refuse de se soumettre, la majorité ne pourra gouverner qu'avec le secours de *la lanterne* (3). — Échafauds, fusillades, dé-

1. Bergier, d'après Tertullien.
2. De Maistre. Princip. général.
3. Réflex. sur la révolut. française.

portations, prison, telles sont en effet les institutions qui ont, de beaucoup, le plus prospéré depuis la fameuse *déclaration des droits de l'homme*.

Aux yeux d'un homme qui sait raisonner, continue l'orateur anglais, cette opinion est ridicule.

Elle ne pourrait se justifier que s'il était bien établi que la majorité des hommes est éclairée, vertueuse, sage, remplie d'abnégation, et incapable de préférer leur propre intérêt à celui des autres. On n'a jamais osé dire que les législateurs dussent faire des lois *pour eux*, sans s'inquiéter du bien de ceux pour qui les lois sont faites; or, les lois étant faites pour tous, la majorité devrait encore plus se préoccuper de la minorité que d'elle-même, si elle avait les qualités requises pour légiférer.

Le comte de la Marck (1) rapporte que, lorsque Mirabeau s'enflammait trop à propos des droits et des priviléges de l'homme, il lui arrivait parfois de s'amuser à réduire ses calculs. Il retranchait d'abord les femmes, les enfants, les ignorants, les gens adonnés au vice, etc. Une fois la *nation* ramenée ainsi à la petite portion dont il fallait évaluer les qualités morales, « je me mettais, « dit-il, à déduire ceux qui manquent de raisonnement, « ceux qui ont des idées fausses, ceux qui comptent « avant tout leurs propres intérêts, ceux qui sont privés « d'éducation et des connaissances mûries par la ré- « flexion, et je lui demandais alors si les hommes qui « méritent qu'on parle d'eux avec dignité et respect ne « se trouvaient pas réduits à un nombre étonnamment « petit. Or, d'après mon principe, je soutenais qu'il fal- « lait gouverner les hommes *pour eux* et non *par eux*,

1. Corresp. entre le Cte de Mirabeau et le Cte de la Marck. Paris, Le Normant, 1851.

« c'est-à-dire pas par l'opinion de la multitude, et j'éta-
« blissais, par des citations historiques et par les
« exemples que nous avions malheureusement sous les
« yeux, que la raison et le bon sens fuient les hommes
« à mesure qu'ils sont réunis en plus grand nombre. »
— Mirabeau se bornait à répondre qu'il fallait *flatter les
peuples pour les gouverner*, ce qui revient à dire qu'il
faut les attraper.

Ce même Mirabeau avouait du reste que *l'égalité*
dans le sens révolutionnaire était *absurde*, et il appelait
un *violent paroxysme* la passion qu'on avait pour elle.
C'est lui qui a le mieux caractérisé le résultat vrai de
la destruction de tout ordre social : il appelait cela *un
déplacement de vanité*. On ne saurait mieux dire, et la
vanité qui s'est portée en bas ne pouvait avoir d'autre
résultat que celui que nous voyons : l'absence ou la sup-
pression calculée de toute supériorité vraie.

Ce n'est pas une digression que cet épisode sur *l'égalité*, car le système des majorités la suppose. Or elle est
absolument anti-naturelle. Selon la belle pensée d'Aristote (1) : dans l'homme lui-même il y a une âme et un
corps, l'une prédominante et faite pour commander,
l'autre pour obéir ; l'égalité ou le renversement du pouvoir entre ces deux éléments leur serait également funeste. Il en est de même entre l'homme et le reste des
animaux, entre les animaux privés et les sauvages. Le
rapport des sexes est analogue et l'on trouve quelques
traces de ce principe jusque dans les objets sans vie, par
exemple dans l'harmonie des sons. — Aussi saint Au-
gustin définit-il l'ordre : une disposition des choses
semblables et différentes qui attribue à chacune *ce qui
lui appartient; Ordo est parium dispariumque rerum*

1. Politique, l. I, ch. 2.

sua cuique tribuens dispositio (1) et saint Thomas en conclut que l'ordre suppose l'inégalité : *no nen ordinis inæqualitatem importat* (2).

Mais les *immortels principes* ont changé tout cela, comme Sganarelle, aussi leur œuvre aboutit-elle, en dernière analyse à un désordre sans nom.

Le désordre extérieur se voit et on en convient assez généralement, mais le désordre moral passe trop inaperçu. En vertu de l'égalité, d'une part, et de la sécularisation de la loi d'autre part, on arrive à ce monstrueux résultat, par exemple, qu'un régicide et un parricide ne sont plus, en bonne justice, que des crimes ordinaires ; si même le régicide profitait au peuple on lui devrait des éloges. Le sacrilège n'est plus qu'une fiction superstitieuse. Enfin, *le respect* n'étant plus possible, ni même raisonnable les lois, selon la prédiction de, Burke, (3) « n'ont plus d'autres gardiens que la ter- « reur..... et, dans les lointains de nos points de vue, « l'on ne voit plus que des potences » ou des cours martiales, ce qui revient au même.

IX. — CONSÉQUENCES DE *LA SÉCULARISATION* DE LA LOI.

Que de fois n'entendons-nous pas dire que presque tous nos malheurs, et surtout notre impuissance à nous relever viennent du peu de respect qu'on a pour *la loi*. Ce propos, qui est devenu presque banal, indique le plus souvent une étrange aberration. Après avoir tué le res-

1. *De civil. Dei, 19.*
2. *De rebus publ. et princip. instilut, l. III, c. 9.*
3. *Réflex. sur la révolut. française.*

pect pour les personnes, n'est-il pas absurde d'en réclamer pour leurs œuvres ? Mais on a fait plus, on a nié *le mandat* des législateurs. La sécularisation de la loi, c'est-à-dire la négation d'une sanction divine appliquée à la loi, n'a pas d'autre sens. Les législateurs n'étant plus les mandataires de Dieu, ou ne voulant plus l'être, ne parlent plus qu'au nom de leurs propres lumières et n'ont plus de mandat réel. A quel titre voulez-vous donc qu'on les respecte ? Libre à chacun de préférer ses lumières aux leurs et de croire qu'il aurait fait mieux.

J'entends la réponse : « Il est de *l'intérêt* de tous que l'ordre règne, ne fût-ce que matériellement, et la loi est le principal instrument de l'ordre. » — Vous pouvez en conclure qu'il serait plus *avantageux*, de voir les lois obéies, mais un motif d'intérêt n'est pas une cause de respect et il y a telle catégorie d'individus qui peut gagner au désordre. — Non, vous n'aurez le droit de réclamer le respect pour la loi que quand vous aurez rendu la loi véritablement respectable et, pour cela, il faut que vous prouviez que vous avez mission de la faire, fussiez vous d'ailleurs l'élite de nos docteurs en droit et de nos hommes d'État, ou bien encore la réunion des plus gros contribuables qu'il y ait au monde.

C'est quelque chose que la science, c'est quelque chose aussi que de représenter des intérêts réels considérables, et je ne nie pas l'importance relative des éléments dont on arrive à composer les assemblées législatives, mais rien de tout cela ne saurait remplacer un mandat, et vous n'en aurez que quand vous aurez consenti, *en tant que législateurs*, à reconnaître l'existence de Dieu, à vous soumettre à ses lois et à y conformer les vôtres.

On se fait une idée fort incomplète des conséquences terribles qui peuvent résulter un jour ou l'autre de la *sécu-*

larisation de la loi. Jusqu'ici le seul péril auquel on ait songé est celui dont nous menace l'extrême révolution. C'est là un danger si présent, si peu déguisé, que chacun le voit et quelques-uns ont fini par comprendre que sans un retour vers Dieu la société est destinée à succomber. Bien plus, l'assemblée qui siège en ce moment à Versailles a fait un acte de foi en ordonnant des prières publiques et ce premier pas a fait renaître l'espoir dans le cœur des gens de bien. Mais il n'est peut-être pas inopportun d'attirer l'attention des hommes sérieux sur une autre face de la question.

Qu'arriverait-il si la loi moderne en venait à enjoindre un crime aux chrétiens ? L'hypothèse n'est pas purement imaginaire et, bien que, grâce au Ciel, elle ne se soit pas encore réalisée, il y a tout un parti qui menace de se porter à cette extrémité ; dans d'autres pays il y a eu comme un commencement d'exécution. Je veux parler de la loi sur les écoles et du projet avoué d'imposer un enseignement *obligatoire et laïc*, on sait ce que laïc veut dire en pareil cas; et l'expérience démontre que les écoles de l'État sont parfois confiées à des hommes dont le but avoué est d'élever les enfants dans l'incrédulité. Que se passerait-il donc si une loi semblable était votée, ce qui suppose que partout à la fois on voudrait contraindre les parents à mettre leurs enfants dans un danger imminent de perdre la foi ?

L'Église catholique est très explicite dans sa doctrine sur l'obligation d'obéir à un gouvernement même mauvais ; elle prescrit de supporter les lois inutiles, injustes, même coupables. aussi longtemps que cela se peut sans s'exposer à commettre soi-même un péché. Ni la spoliation, ni le danger de mort, n'excusent à ses yeux la révolte. Mais ici, comprend-on bien où l'on en serait réduit ? Résister passivement et se laisser punir de l'amende, de la prison, de la torture ou de la mort, ne remédierait pas au mal : l'âme de l'enfant resterait sans défense et le père en est responsable. Ce mode de persécution est donc plus grave dans ses conséquences et peut amener des perturbations plus profondes que la persécution directe qui consisterait, par exemple, à exiger l'apostasie des adultes. Dans ce dernier cas, le martyre répond à tout, et les premiers chrétiens nous ont montré la route, mais ici, le supplice des pères ne sauverait pas les fils, et les pères. ne peuvent pas les abandonner ; passe encore pour les corps, mais l'âme doit être gardée au-delà de la mort.

Il ne m'appartient pas de conclure, car, dans ce cas comme dans tous ceux de ce genre, la ligne de conduite à suivre devrait être tracée par la seule autorité compétente, mais le problème valait la peine d'être posé et à lui seul il est déjà propre à jeter un grand jour sur les abîmes où l'athéisme de la loi mène le peuple à grands pas.

X. — DÉFINITION CHRÉTIENNE DE LA LOI NATURELLE.

Il reste à exposer en quelques mots les grands principes qui doivent servir de base à la loi et qui n'avaient jamais été complétement méconnus jusqu'à nos jours d'aberration et de misère. — Il ne peut pas m'entrer dans l'esprit de faire ici et dans ces courtes pages un cours de droit naturel, ni même d'en tracer le programme, mais il y a quelques vérités parfaitement incontestables qu'il faut bien rappeler, puisqu'on les oublie. On éprouve un certain embarras, quand on est sans la moindre autorité personnelle, pour aborder un sujet si grave et pour en parler comme si l'on avait la prétention d'enseigner ses semblables, et, pourtant, l'erreur a été prêchée, répandue, insinuée, imposée parfois avec une telle audace, une habileté si infernale et un succès si grand, que l'ignorance du vrai est presque sans bornes. Il est telles règles élémentaires dont on voit des personnages importants et quelquefois même d'une valeur réelle, n'avoir pas la moindre idée : en d'autres temps on les aurait connues en sortant des écoles ou même du catéchisme.

Revenons donc à la définition du mot *nature* et elle nous servira de point de départ pour parler de ce que doivent être les lois destinées à gouverner les hommes.

La nature d'un être est ce qui le rend apte à atteindre sa fin. Cela est vrai d'une plante ou d'un animal comme de l'homme, mais il y a deux sortes de fins subordonnées les unes aux autres. La *fin* pour laquelle Dieu a créé le monde ne peut être que Dieu lui-même (1). Le créateur ne pouvait se proposer qu'une fin digne de Lui, et lui seul étant parfait, Il ne pouvait trouver hors de Lui-même une fin proportionnée à sa grandeur. Dieu est donc la fin dernière de toutes les créatures. Mais il y a des fins particulières, et c'est dans leur subordination que consiste l'*ordre* du monde : les fins premières ne sont en quelque sorte qu'un chemin pour arriver à la fin dernière.

Mais Dieu ne pouvant rien ajouter à sa perfection infinie, la fin qu'il se proposait ne pouvait pas être de se rendre plus parfait; Il n'a donc pu chercher qu'une gloire extérieure, qui consiste à se manifester à ses créatures. Il fallait pour cela que quelques-unes de ces

______
1. *Universa propter semetipsum operatus est Dominus.*

(*Proverb.* xvi, 4)

créatures fussent capables de Le connaître ; ces créatures raisonnables sont supérieures aux autres et sont leur fin première ; c'est pourquoi les théologiens appellent l'homme un microcosme, un abrégé de l'univers et le roi du monde

L'homme est placé dans la création pour l'admirer et en faire hommage à Dieu, car en sa qualité de créature douée de raison, il connaît sa fin qui est Dieu et l'essence de sa nature est de pouvoir atteindre à cette fin. Il est doué en outre d'une prérogative admirable, la liberté, ou le libre-arbitre, c'est-à-dire qu'il est appelé à *vouloir* cette fin, et Dieu, dans sa bonté infinie, le récompensera d'avoir voulu son propre bien. Mais l'homme a besoin d'un effort pour vouloir le bien, car sa nature primitive a été corrompue par la chute originelle. Il a donc une propension au mal qu'il doit incessamment combattre, et le plus grand nombre des erreurs politiques ou socialistes a sa source dans l'ignorance ou dans l'oubli de cette perversion de la nature humaine.

Ceci posé, *la loi naturelle* comprend les obligations qui sont imposées à l'homme pour lui faire acquérir sa fin en même temps que l'interdiction de tout ce qui pourrait l'en détourner. Cette loi oblige tous les hommes, même ceux qui n'ont aucune connaissance de la loi divine positive, c'est-à-dire de la loi révélée.

Voici comment Gerson la définit : « La loi naturelle « est une marque imprimée dans tout homme jouissant « de l'usage convenable de sa raison, et qui lui notifie « la volonté divine en vertu de laquelle la créature « humaine est tenue de faire telle chose et d'éviter telle « autre pour parvenir à sa fin. » Parmi les préceptes que Dieu a gravés dans le cœur de tous les hommes, se trouve donc en première ligne celui qui les oblige à se rapporter eux-mêmes à Dieu comme à leur fin. — Il résulte de là que toute loi qui tend à gêner ou à empêcher l'acheminement des hommes vers Dieu est une loi contre nature et par conséquent nulle (*lex injusta non est lex*), car aucun pouvoir humain ne peut modifier la loi naturelle ni l'abroger.

XI. — *SUITE:* BUT DE LA SOCIÉTÉ SELON LA LOI NATURELLE.

Les considérations du paragraphe précédent se rapportent à l'homme considéré abstraction faite de la société, mais l'homme ne peut pas subsister seul : pour naître, pendant sa première enfance, pour subsister, il a besoin de ses semblables, aussi dès la première heure de son existence fait-il partie d'une société domestique : la famille.

La famille étant certainement d'institution divine et les devoirs qu'elle impose étant au nombre de ceux que la loi naturelle prescrit, on trouve en elle les premiers éléments de toute société : autorité, hiérarchie, par conséquent inégalité, protection et amour mutuel, en un mot des devoirs variés et réciproques. Mais la famille ne suffit pas aux appétits sociaux de l'homme : l'homme souhaite naturellement son semblable ; il possède le don merveilleux de la parole pour communiquer avec lui ; il a, gravé dans son cœur, le premier précepte de ses devoirs envers lui : « Faites aux autres ce que vous « voudriez qu'ils vous fissent ; ne leur faites pas ce que « vous ne voulez pas qu'ils vous fassent. » L'existence de la société est donc encore une *loi de nature*.

Une fois formée, la société elle-même a ses devoirs ; elle a sa fin propre qui, non-seulement ne peut pas être opposée à la fin de l'homme pris isolément, mais qui doit contribuer à la faciliter. La fin de l'homme étant Dieu et cette fin ne pouvant être atteinte que par la vertu, la fin principale de la société sera nécessairement d'aider les hommes dans la pratique de la vertu et, pour qu'on ne m'accuse pas de faire trop de théologie, je rapporterai ce que dit à ce sujet Aristote: « L'État « le plus parfait est évidemment celui où chaque citoyen, « quelqu'il soit, peut, grâce aux lois, pratiquer le mieux « la vertu; et s'assurer le plus de bonheur. » (1) — Et qu'est-ce que le bonheur selon Aristote ? « Nous regar-« dons comme un point parfaitement accordé que le « bonheur est toujours en proportion de la sagesse... « (car) l'âme, à parler d'une manière absolue et même « relativement à tous, est plus précieuse que la richesse « et que le corps.... suivant les lois de la nature, tous « les biens extérieurs ne sont désirables que dans l'inté-« rêt de l'âme ; et les hommes sages ne doivent les « souhaiter que pour elle, tandis que l'âme ne doit ja-« mais être considérée en vue de ces biens. » (2)

Nous sommes loin de ce païen, assurément, et il va bien au-delà encore de ce qui précède, car il pose comme incontestable un principe qui est la condamnation formelle de la *sécularisation* de la loi: « Les éléments du « bonheur, dit-il, sont identiques pour les individus et pour la cité (3). » Nous venons de voir ce qu'il entend par le bonheur. mais il ajoute pour mieux se faire comprend e que si la félicité de l'individu consistait dans la richesse, il en serait de même pour la cité. — D'après Aristote, la loi morale oblige donc la société comme l'individu, or c'est précisément ce que nient les partisans de la loi athée ou seulement sécularisée.

1. Polit. vii, 2.
2. Id. *ibid.*, c. 1.
3. Aristote ne connaissait d'autre *État* que *la Cité.*

XII. — LA LOI CHRÉTIENNE.

J'ai cité avec prédilection les anciens philosophes parce que certains esprits malades qu'effarouche l'autorité des livres saints acceptent plus volontiers celle des savants, mais je crois que l'on pourrait sans peine tirer de ce qui précède la véritable règle des rapports entre l'Église et l'État. Je ne l'entreprendrai pas ici ; pourtant, comme je m'adresse de préférence à ceux qui professent la même foi que moi, je me permettrai de leur indiquer quelques corollaires inévitables des principes que je viens de rappeler :

La loi naturelle proprement dite a été confirmée, et complétée par la révélation. Quoique les préceptes dont la pratique est indispensable à l'hommme pour acquérir sa fin soient imprimés au fond de son cœur, l'aveuglement et les instincts mauvais qui lui viennent de sa chute, le rendent trop oublieux de ses devoirs. En outre, Dieu, ayant résolu de sauver l'homme, s'était choisi un peuple privilégié pour faire naître de lui le Messie, et, pour l'accomplissement des desseins de sa miséricorde, il a guidé ce peuple et a fait de lui le gardien de sa loi, jusqu'au jour où *les promesses se sont accomplies.*

Dans ce but Dieu a chargé Moïse de promulguer une *loi divine positive* qui comprenait des préceptes moraux, des préceptes relatifs aux cérémonies de l'ancien culte et des préceptes politiques, c'est-à-dire relatifs au gouvernement civil du peuple juif. Ces deux dernières classes de préceptes n'obligent plus, mais ceux qui concernent la morale, c'est-à-dire ceux du décalogue conservent toute leur valeur, *parce qu'il sont des préceptes de la loi naturelle.*

Mais ce n'est plus en vertu de la promulgation de Moïse que nous sommes tenus aux obligations morales que contient l'ancienne loi. Celui qui est *notre juge, notre législateur, notre roi,* (1) est venu lui-même nous donner une loi plus parfaite : « *Mandatum novum do vobis* » (Joan. 13). — Selon l'expression de Suarez, Jésus-Christ a *déclaré plus parfaitement la loi naturelle* en la complétant par des préceptes nouveaux. — Jésus-Christ a fait plus encore, il s'est fondé un royaume : l'Église, corps mystique dont il est le chef. Il a donc institué des interprètes et des gardiens de sa loi, qui ont mission de la faire connaître à ceux qui l'ignorent, de pardonner en son nom à ceux qui, l'ayant violée, s'en confessent et s'en repentent, et enfin de distribuer les secours nombreux de la grâce divine qui tous ont pour objet de nous aider à observer cette loi le plus parfaitement possible et par conséquent de nous faire approcher nous même de la perfection. Les préceptes nouveaux ajoutés par le Christ à ceux de la loi naturelle sont ceux qui nous enjoignent l'usage des sacrements et qui en fixent la forme : ces *articles* de la loi nouvelle, s'il est permis de les appeler de ce nom, sont tout aussi obligatoires que ceux de la loi naturelle, parce qu'ils ont Dieu lui-même pour auteur. Voici comment saint Thomas résume l'ensemble de la *loi nouvelle* ou *loi de grâce* que le Christ est venu nous apporter : « Elle renferme dit-il, les préceptes de la loi naturelle, « les articles de foi et les sacrements de la grâce. »

Un des caractères les plus remarquables de la loi chrétienne est de *n'avoir pas été écrite.* Jésus-Christ a *parlé* ses préceptes et, sa parole étant divine, elle les a

(1) Isaïe, 33 et aussi ces paroles de Jésus à Pilate *Tu dicis quia Rex ego sum.*

gravés dans le cœur de ses apôtres et de ses disciples, (1) mais le verbe incarné n'a rien fait écrire pendant le temps qu'il a passé sur la terre. Le premier évangile a paru huit ans au moins après la mort de Jésus-Christ. Si l'on ajoute à cette observation la croyance commune des théologiens, d'après laquelle c'est seulement à partir de la venue du Saint Esprit, c'est-à-dire à partir du jour de la Pentecôte et après l'Ascension, que la loi du Christ est devenue obligatoire, on arrive à cette conclusion que la voie de l'enseignement oral a été choisie expressément par le Verbe pour la transmission de sa doctrine et de ses volontés.

Rien ne met plus en lumière l'importance souveraine de l'Église et de sa hiérarchie ; rien n'explique davantage la nécessité supérieure d'une infaillibilité permanente résidant quelque part dans le corps mystique du Christ. Le concile du Vatican nous a *défini*, conformément à la tradition de tous les siècles chrétiens, que « le Pontife romain jouit pleinement de cette « infaillibilité dont il fallait que l'Église fut pourvue en « définissant la doctrine touchant la foi *ou les mœurs*. » Ces derniers mots indiquent que le Pape est l'interprète indéfectible de la loi naturelle, et le juge sans appel de ses violations.

Les jugements rendus par le Souverain-Pontife sur les lois humaines ne sont plus reconnus aujourd'hui par les pouvoirs de la terre, mais Dieu non plus n'est pas reconnu, et c'est ce qui fait que peu à peu la violence envahit le monde et le droit disparaît. L'Europe retourne vers une barbarie pire que la première, et les catholiques ne sont plus seuls à le dire. A l'époque où les Évêques étaient réunis à Rome pour le dernier Concile, un publiciste de grand mérite, anglais et protestant, par-

____

(1) Dabo legem in visceribus eorum. Jer. 31.

lant au nom de plusieurs de ses corréligionnaires, adressait un *Appel au Pape*, pour le supplier de travailler au rétablissement du *droit des gens.*

Le droit des gens ou *loi de nature*, disait M Urqubart, *ce s nt les dix commandements appliqués à la société.* Après avoir cité lord Mansfield qui dit que ce droit « est tenu comme faisant partie de la loi anglaise, » et que « *les actes du gouvernement ne peuvent l'altérer*, » M. Urquhart ne craint pas d'ajouter que « c'est « contre leurs gouvernements que les nations doivent « protéger ce droit. » — Et pourquoi ce protestant venait-il à Rome ? c'est parce qu'en présence des guerres injustes qui ravagent l'Europe, il souhaitait que le Concile œcuménique « posât une règle qui permît aux « catholiques de distinguer le juste de l'injuste, afin « que le Pape pût ensuite exercer le pouvoir juridique « sur les sociétés, les nations et leurs souverains (1). »

La règle existe, car le droit naturel ou divin, gravé d'abord par Dieu dans le cœur de tous les hommes, et révélé plus expressément dans le Décalogue, a fait l'objet de l'enseignement du Christ. Le pouvoir juridique et le tribunal sans appel existent également, seulement la voix du juge n'est plus écoutée par ceux qui gouvernent les sociétés humaines. Mais ce n'est pas là ce qui importe, et M Urquhart a raison, c'est aux nations qu'il appartient d'invoquer contre leurs nouveaux tyrans l'unique protection efficace ; ce sont les peuples qui doivent les premiers s'incliner devant l'autorité bienfaisante du maître infaillible de la loi morale : il n'y aura plus besoin ensuite du consentement des gouvernements.

---

1. Viri protestantici ad summum Pontificem appellatio. — Londini, Wyman et fil, 1869.

XIII. — CONCLUSION.

J'ai dit, en commençant le dernier paragraphe, qu'il s'adressait aux catholiques, à titre de corollaire des considérations précédentes. Il est certain, en effet, que si tous les catholiques étaient vraiment instruits et bien convaincus des vérités que je me suis efforcé d'exposer le plus brièvement et le plus clairement que j'ai pu, il y aurait déjà un grand pas de fait vers le bien. — Mais il y a une objection très-usitée, très-répandue et fort commode, que beaucoup d'hommes excellents ne manquent pas de faire en pareil cas : « Il est vrai, disent-ils, que « si les discussions et les querelles humaines pouvaient « être déférées à la plus haute autorité morale qu'il y « ait sur la terre, cela offrirait de grands avantages, « mais cela n'est pas *pratique*. Les temps sont changés « et il est impossible d'espérer que cette autorité re- « trouve jamais l'influence dont elle aurait besoin pour « exercer une action efficace. »

Si les hommes de bien conservent la funeste habitude qu'ils ont prise de renoncer d'avance à tout effort de peur de ne pas réussir, rien n'est possible, et il ne nous reste plus qu'à nous voiler la face en attendant la mort de nos patries et de toute société régulière. Mais fût-on réduit au désespoir, on n'a jamais le droit ni de renon- cer à ses convictions, ni de cesser d'agir, personnelle- ment, selon les prescriptions de sa foi. Avant de s'oc- cuper de ce que feront les autres, et sans avoir besoin de compter sur un succès, il faut donc commencer par se conformer soi-même aux enseignements de la vérité qui est de sa nature *immuable*, car il n'y a pas de pro- grès ni de civilisation qui puisse modifier un *iota* des lois divines.

En outre, celui-là est bien osé, qui s'aventure à prédire ce que sera ou ce que ne sera pas l'Europe d'ici à quelques années. Ou elle est condamnée, et alors, ne fût-ce que pour satisfaire sa propre conscience, on doit se laisser guider par elle, avec la pleine certitude de ne pas faire le mal ; ou Dieu veut encore une fois la sauver, et ce ne pourra jamais être que par la vérité.

Quant aux moyens *pratiques*, dont on fait tant d'état, au point où nous en sommes, je ne vois personne en proposer qui inspirent de la confiance. Chacun hésite, tatonne et, le plus souvent, avoue qu'il ne sait qu'imaginer. L'heure présente est favorable au bien, en ce sens que la plupart des erreurs *pratiques* n'exercent plus la même séduction qu'au commencement de ce siècle. — Le mal nous presse de toutes parts et selon l'expression d'un de nos publicistes les plus distingués (1) « 1789 a fait banqueroute. » — Après 1789 il n'y a plus de milieu entre la guerre sociale et le retour au bien. On rencontre à chaque pas des esprits honnêtes qui brisent leurs idoles ; il y en a trop qui ne savent pas encore par quoi les remplacer, mais c'est déjà beaucoup que d'avoir reconnu son erreur.

En outre il y a des chercheurs infatigables dont les uns rencontrent la vérité toute entière et les autres n'en reconnaissent que des lambeaux : tous contribuent à préparer la reconstruction de l'édifice social. Celui auquel j'ai dédié cet opuscule me pardonnera, j'espère, de le citer : je ne crois pas qu'il y ait un autre exemple d'une influence égale exercée aussi rapidement par un livre aussi sérieux, aussi grave dans sa forme, aussi peu attrayant pour les lecteurs futiles, que celui qu'il a écrit sur la *Réforme sociale*. Retrouver la vérité sociale par la méthode d'observation et par l'analyse était déjà un phénomène que je crois unique en son genre ; la faire

1. M. Em. Montaigut, dans la *Revue des Deux-Mondes*.

adopter par un aussi grand nombre d'intelligences prévenues, remplies de préjugés hostiles et, le plus souvent, mal préparées aux études suivies est un fait encore plus surprenant. — Ainsi que je le disais dans mon épître dédicatoire, il m'est impossible de ne pas voir là un des signes les plus consolants de notre époque. Les procédés scientifiques de M. Le Play étaient peut-être les seuls qui pussent avoir prise sur une génération aussi raisonneuse et aussi éprise des sciences exactes que la notre.

Malgré les angoisses qui nous oppriment, il ne faut donc pas désespérer et surtout il ne faut pas trop s'inquiéter des égarements de ce qu'on est convenu d'appeler *l'opinion publique*. Les erreurs concernant la *volonté générale* se reproduisent sous une autre forme dans les soucis qu'inspirent aux hommes de bonne volonté cette soi-disant reine du monde. Si l'on examine de près quels sont les éléments de *l'opinion*, on s'aperçoit bien vite qu'en général elle ne mérite le nom de *publique* que parce qu'elle se publie bien haut et se crie à tous les carrefours. En réalité, un groupe, bien moins considérable qu'on ne croit, déclare au monde et croit le plus souvent de bonne foi que lui seul est éclairé ; son assurance en impose, et, peu à peu ceux qui le composent finissent par persuader à la masse et par se persuader à eux-mêmes qu'ils représentent l'unique *opinion* dont on doive tenir compte. — Et qui sont ceux-là? Des financiers et des journalistes qui font des affaires en commun, des avocats au verbe haut, des professeurs très-entichés d'eux-mêmes, des fonctionnaires qui tiennent à leur place et d'autres qui en voudraient obtenir une, les oisifs, les hommes et les femmes de plaisir : Est-il donc vrai que tout cela représente la nation ?

Ambitieux pour leur propre compte ou pour celui

d'un autre, ces prétendus échos de l'opinion publique ont coutume de dire : « Le peuple croit, le peuple
« veut, le peuple ne consentira jamais, il ne convient
« pas au peuple, etc. Quelle pitié ! Le peuple n'est pour
« rien dans les révolutions ou il n'y entre que comme ins-
« trument passif. ... La France ne désire plus rien avec
« passion, excepté le repos..... Au premier coup d'œil,
« cette proposition paraît vraie : *Le consentement préala-
« ble des Français est nécessaire au rétablissement de la
« monarchie.* Rien de plus faux,... Jamais la multitude
« n'obtient ce qu'elle veut : toujours elle accepte, jamais
« elle ne choisit. On peut même remarquer une *affecta-
« tion* de la Providence (qu'on me permette cette expres-
« sion), c'est que les efforts du peuple, pour atteindre un
« objet, sont précisément le moyen qu'elle emploie
« pour l'en éloigner... Dans la révolution française,
« le peuple a constamment été enchaîné, outragé, ruiné,
« mutilé par toutes les factions, et les factions, à leur
« tour jouet les unes des autres, ont constamment déri-
« vé, malgré tous leurs efforts, pour se briser sur l'é-
« cueil qui les attendait : .... Dans l'établissement et le
« renversement des souverainetés.... les peuples en
« masse n'entrent... que comme le bois et les cordages
« employés par un machiniste ; leurs chefs mêmes ne
« sont tels que pour les gens étrangers; dans le fait ils
« sont dominés comme ils dominent le peuple..... Quand
« le moment sera venu, le suprême ordonnateur des
« Empires.. chassera ces insectes bruyants... Alors on
« s'étonnera de la profonde nullité de ces hommes.... »
    « Croit-on que le monde politique marche au hasard. et
« qu'il ne soit pas organisé, dirigé, animé par cette même
« sagesse qui brille dans le monde physique? Les grands
    coupables qui renversent un état opèrent nécessaire-
« ment des déchirements douloureux.... mais lorsque

« l'homme travaille pour rétablir l'ordre, il s'associe
« avec l'auteur de l'ordre, il est favorisé par la *nature*,
« c'est-à-dire par l'ensemble des choses secondes, qui
« sont les ministres de la Divinité. Son action a quelque
« chose de divin ; elle est tout à la fois douce et impé-
« rieuse ; elle ne force rien, et rien ne lui résiste. » (1

Ces belles paroles, sont tout aussi vraies aujourd'hui
qu'en 1797.

1. De Maistre. Considérat. sur la France.

2023. — Abbeville, Imp. Briez, C. Paillart et Retaux.

LA RÉFORME MORALE EN OCCIDENT

OUVRAGES ÉDITÉS PAR LA LIBRAIRIE ALBANEL

C. DE RIBBE. — Une famille au XVIᵉ siècle . . . . . 1 »
— Les familles modèles en France. 3 50

Série spéciale.

La loi de Dieu et les règlements sociaux, par le
Cte DE BERNA. . . . . » 30

Ouvrages divers en vente à la même librairie.

F. LE PLAY. — Les ouvriers Européens, 1 vol. in-fol.,
1855 . . . . 130 »
— Les ouvriers des Deux-Mondes (Soc. d'écon.
soc.), 4 vol. in-8 (1858-1865). Prix du vol. 10 »
— La réforme sociale en France 3 vol. in-18 6 »
— L'organisation du travail, 1 vol. in-18. . 2 »
— L'organisation de la famille, 1 vol. in-18. 2 »
— La paix sociale. Suite de petits livres à re-
fondre plus tard en un volume.
— Introduction (juin 1871), in-18 74 pages » 30
— Correspondance sur l'union de la paix sociale.
— N° 1 — L'urgence de l'Union en France
(mai 1872) . . . . » 25
— N° 2. — L'accord des partis politiques
(juillet 1872) . . . . » 25
— N° 3. — Le retour au vrai et le rôle du
clergé (novembre 1872). » 25
— N° 4. — La question sociale et l'Assemblée
(janvier 1873) . . . . » 15
CLAUDIO JANNET. — Le partage forcé en Provence, 1 »
R. P. ALET. — Articles sur la réforme sociale publiés dans
les *Études religieuses* de la Compagnie de Jésus.
R. P. RAMIÈRE, de la Compagnie de Jésus. — La Res-
tauration du Droit des Gens. Broch. in-8. Prix » 75
D. URQUHART. — Rétablissement du droit canon 1 »
— Désolation de la chrétienté. 1 »
— Tribunal des cas de guerre, en chaque pays. » 25

Belgique.

Cte DE BOUSIES. — La liberté testamentaire. — DE MOREAU
D'ANDOY. — Écrits sur la réforme sociale publiés dans la *Revue
catholique de Louvain*.

2615. — Abbeville. — Imp. Briez, C. Paillart et Retaux.

www.ingramcontent.com/pod-product-compliance
Lightning Source LLC
Chambersburg PA
CBHW061254050726
47594CB00004B/1472